surées sur le défaut de proportion entre la demande et la reproduction. Les mêmes circonstances ayant amené des effets semblables dans les pays étrangers, ceux-ci, plus riches en pâturages, moins chargés de contributions foncières, et trop ménagés par nos anciens tarifs, qui ne considéraient la laine que comme une matière brute propre aux fabriques, ont, par le rabais de leurs produits, accéléré la dépréciation des nôtres.

En 1819, les prix étaient déjà tombés de manière à ralentir l'essor de la production; ils n'étaient plus que suffisans pour conserver les avantages acquis.

Au commencement de 1820, la baisse devint plus sensible, et l'on reconnut la nécessité de se défendre contre les importations étrangères. C'était une grande innovation, et l'on aima mieux, dans ce premier moment, rester en deçà du terme, que de courir risque de le dépasser. La loi du 7 juin établit des droits peu élevés. Le principe d'une protection toute nouvelle était posé : c'était beaucoup. La quotité du droit fut un essai dont on se réserva d'étudier les effets.

L'importation moyenne des trois années antérieures avait été de cinq millions quatre cent quatre-vingt-un mille kilogrammes en laines communes, et de huit cent trente mille kilogrammes en

DU RÉGIME

DES BOIS COMMUNAUX

SELON LE NOUVEAU CODE FORESTIER.

IMPRIMERIE DE JULES DIDOT AINÉ,
IMPRIMEUR DU ROI,
Rue du Pont-de-Lodi, n° 6.

DU RÉGIME DES BOIS COMMUNAUX

SELON LE NOUVEAU CODE FORESTIER

POUR SERVIR DE SUPPLÉMENT

AU TRAITÉ DES BIENS COMMUNAUX

PAR M. LE PRÉS. HENRION DE PANSEY.

PARIS,

LIBRAIRIE DE THÉOPHILE BARROIS, PÈRE,

RUE HAUTEFEUILLE, N° 28.

1827.

DU RÉGIME
DES BOIS COMMUNAUX
SELON LE NOUVEAU CODE FORESTIER.

CHAPITRE PREMIER.

Observations préliminaires.

Je vais exposer les changements que le code forestier, publié le 21 mai dernier (1827), vient d'introduire dans le régime des bois communaux.

Je connois très bien les dangers auxquels s'expose un écrivain qui, s'emparant d'une loi à l'instant même de sa publication, s'empresse de la commenter avant de l'avoir vue aux prises avec l'intérêt personnel, avant qu'elle ait subi l'épreuve des discussions judiciaires, et lorsque l'œil investigateur des jurisconsultes n'a pas encore eu le temps d'y découvrir ce qui peut en rendre le sens équivoque, et l'application incertaine.

Mais j'ai récemment publié un ouvrage qui a pour titre : *Des biens communaux et de la police rurale et forestière;* et dans ce que j'ai dit concernant les forêts communales, je me suis conformé, comme je devois le faire, au régime forestier qui existoit alors. Ce régime n'est plus le même : et tel est le nouveau code qu'il rend plusieurs parties de mon ouvrage, les unes inutiles, comme n'ayant plus d'objet, et les autres dangereuses, en ce qu'elles exposeroient à des condamnations inévitables ceux qui voudroient s'en prévaloir devant les tribunaux.

Signaler ces changements, sur-tout ces écueils, et le faire le plus tôt possible est donc un devoir pour moi. Ce devoir, je vais le remplir. Si je tombe dans plus d'une méprise, on voudra bien ne pas perdre de vue que la carrière est toute nouvelle, que ce n'est pas librement que je m'y engage, et que j'y marche sans régulateurs et sans guides.

CHAPITRE II.

Du régime forestier.

L'article premier du nouveau code porte :

« Sont soumis au régime forestier, et seront administrés conformément aux dispositions de la présente loi,

« 1° Les bois et forêts qui font partie du domaine de l'État ;

« 2° Ceux qui font partie du domaine de la couronne ;

« 3° Ceux qui sont possédés à titre d'apanage et de « majorats reversibles à l'État ;

« 4° Les bois et forêts des communes et des sec« tions de communes ;

« 5° Ceux des établissements publics ;

« 6° Les bois et forêts dans lesquels l'État, la cou« ronne, les communes, ou les établissements pu« blics, ont des droits de propriété indivis avec des « particuliers. »

Ce qui frappe d'abord dans cet article, c'est de le voir le premier de la loi, et d'y lire la nomenclature des objets soumis au régime forestier, sans qu'auparavant le législateur nous ait appris ce que nous devons entendre par ces mots *régime forestier.*

Mais ce que la loi ne dit pas, l'ensemble de ses dispositions le fait connoître. De leur rapprochement il résulte que, dans son idiome, le régime forestier n'est autre chose que l'action, plus ou moins étendue, que l'administration générale des forêts est autorisée à exercer sur les bois désignés dans l'article premier.

En quoi consiste cette action? Nous l'exposerons dans les chapitres suivants.

CHAPITRE III.

Que l'action de l'administration forestière n'est pas la même sur tous les bois soumis au régime forestier; qu'elle varie suivant la qualité des propriétaires.

L'État, tout à-la-fois propriétaire et législateur, dispose des forêts domaniales comme bon lui semble, et sans autre régulateur que sa volonté. Mais une fois que cette volonté est revêtue des formes légales, l'administration générale des forêts chargée d'agir dans l'intérêt de la société est obligée de s'y conformer. Les devoirs que la législation forestière lui impose, et les règles qu'elle lui prescrit constituent le régime.des forêts qui appartiennent à l'État.

La liste civile ne possède pas avec la même indépendance celles qui entrent dans sa dotation. Cependant elle en a la propriété, puisque ces forêts n'étant considérées que comme des dépendances des différentes maisons royales, sont, comme ces résidences elles-mêmes, irrévocablement attachées à la couronne. Mais pour être possédées à titre patrimonial elles n'en sont pas moins des démembrements du domaine de l'État; elles n'en sont pas moins affectées à un service public, au soutien de la dignité du trône. La loi, par cette double considération, devoit donc les environner de mesures conservatrices, et c'est ce qu'elle a fait.

En conséquence, sous le rapport de la propriété, c'est-à-dire en ce qui concerne les abornements et les aménagements, toutes les régles établies pour les forêts domaniales pésent également sur celles dont se compose la liste civile. Mais le droit de les régir et de les administrer réside exclusivement dans la main du ministre de la maison du roi; et les agents et gardes nommés par ce ministre sont investis des mêmes fonctions, des mêmes prérogatives que les agents et gardes des bois domaniaux.

Les forêts données en apanage aux fils puînés de nos rois sont aussi dans leurs mains de véritables propriétés. L'équité le veut, et la loi le dit.

Lorsqu'un prince monte sur le trône, à l'instant, et par le seul fait de son avénement, tout ce qui lui appartient entre dans le domaine de l'État, s'y incorpore, et devient comme sa couronne le partage exclusif de son fils aîné. Tel est le droit public du royaume. L'équité vouloit donc que ce même droit public, prenant en considération le dénuement auquel il réduisoit les puînés, leur constituât une dotation en rapport avec leur haute naissance, et que cette dotation leur fût conférée à titre patrimonial, comme étant la représentation de la légitime que la loi assure à tous les enfants sur la succession de leur père.

Aussi voyons-nous que le célèbre édit de 1566, qui prohibe si impérieusement l'aliénation des domaines de l'État, l'autorise néanmoins *pour apanage des puînés mâles de la maison de France.*

Jusqu'ici nulle différence entre les princes apanagés et les propriétaires particuliers; mais, après avoir dérogé au principe de l'inaliénabilité en faveur des apanages, l'édit ajoute, que cette concession n'aura d'effet que pendant la durée de la descendance masculine du prince apanagé, et qu'à son extinction il y aura retour à la couronne en pareil état et conditions qu'étoit le domaine lors de la concession de l'apanage.

Cette réversibilité ne confère à l'État qu'un droit purement éventuel, et qui peut-être ne se réalisera jamais. Cependant ce droit, tel qu'il est, a paru suffisant pour autoriser l'administration générale des forêts à prendre des mesures de conservation. Mais là s'arrête son action. Aussi lisons-nous dans le code que les forêts tenues en apanage sont soumises au régime forestier, mais seulement *quant à la propriété du sol et à l'aménagement des bois.*

Les bois communaux sont également soumis au régime forestier. Cependant ils ne sont pas des démembrements du domaine de l'État; ils ne sont ni affectés à un service public comme les bois de la couronne, ni réversibles au domaine comme ceux tenus en apanage. Les entraves qui gênent l'exercice de ces différentes propriétés ne sont donc pas fondées sur les mêmes motifs, sur les mêmes bases; il n'y a donc pas de conséquences nécessaires à tirer des unes pour aggraver ou modifier les autres. C'est ce que j'ai voulu faire remarquer.

Mais je parle des bases sur lesquelles repose le régime des bois communaux; et je ne les ai pas encore fait connoître. Je les exposerai dans le chapitre suivant.

CHAPITRE IV.

Motifs qui justifient l'intervention des agents de la puissance publique dans l'administration, l'aménagement, l'exploitation, et la vente des bois communaux.

Ces motifs sont nombreux et graves.

L'administration des bois exige des connoissances fort étendues; elle exige une surveillance éclairée, active, infatigable; enfin elle exige, ce qu'il n'est pas facile de concilier, beaucoup de travail dans le cabinet, et des déplacements presque continuels. Et tout cela, peut-on raisonnablement le demander à des officiers municipaux, à des hommes quelquefois illettrés, et qui n'exercent que des fonctions gratuites et temporaires. Cependant une bonne administration peut seule conserver les bois, peut seule en élever les produits. L'intérêt des communes veut donc que les agents de la puissance publique interviennent dans l'aménagement, la vente, et l'exploitation de leurs bois.

Cette intervention est encore justifiée par une autre considération. Les bois communaux appartiennent aux habitants futurs comme aux habitants actuels, et ceux-ci, grevés d'une substitution perpétuelle, sont obligés de les transmettre aux générations à venir, tels qu'ils les ont reçus de leurs pères.

Les terres dont les fruits se coupent annuellement conservent après la récolte la valeur qu'elles avoient auparavant, puisque l'année suivante donnera le même produit.

Il n'en est pas de même des bois. Comme ils ne tombent en coupe qu'à de longs intervalles, ce sont les fruits attachés au sol qui lui donnent presque toute sa valeur. Aussi la futaie est-elle considérée comme faisant partie du fonds, et il en doit être de même du taillis et de tout ce qui excède les coupes ordinaires.

Ainsi celui qui ne possèderoit une forêt qu'à titre de substitution, et à la charge de la transmettre telle qu'il l'auroit reçue, ne rempliroit pas cette obligation s'il ne rendoit qu'un sol nu; et c'est ce qui n'arriveroit que trop souvent si les communes usoient de leurs bois avec une indépendance absolue; mais le prince, gardien de tous les intérêts, est le représentant légal de ces futurs habitants dont nous venons de parler; et ce titre lui donne le droit incontestable de surveiller l'administration des bois communaux.

A ce titre s'en joint un autre, celui de tuteur.

Les communes sont dans une minorité perpétuelle; et la tutèle en appartient au roi. Il leur doit donc une protection tutélaire; il doit donc avoir les yeux toujours ouverts sur l'administration et la régie de leurs biens.

Une autre considération, l'intérêt général, place encore cette surveillance dans les attributions du gouvernement. En effet, sans des forêts bien conservées, il lui seroit impossible de pourvoir à une multitude de besoins, notamment à ceux de la marine. Mais les bois qui lui appartiennent, couvrant à peine le quart du sol forestier de la France (1), ne lui offrent que des ressources insuffisantes; et sa main ne s'étend pas jusque sur ceux des particuliers. Il ne peut donc trouver ce qui lui manque que dans les forêts communales et dans celles des établissements publics. Le bien général, cette loi suprême, l'autorise donc à veiller à leur conservation.

---

(1) Le sol forestier de la France se compose de 7,576,967 hectares, et dans cette masse il n'en appartient à l'État que 1,160,466 hectares.

CHAPITRE V.

Articles du code exclusivement relatifs aux bois communaux. Objets qu'ils embrassent.

Ces articles sont au nombre de vingt-deux. Voici d'abord un aperçu des objets qu'ils embrassent.

L'indication des bois communaux qui sont soumis au régime forestier, c'est-à-dire à l'action de l'administration forestière.

Les formes à suivre lorsqu'il y a lieu de changer l'aménagement d'un bois communal, ou d'y faire certains travaux d'amélioration, tels que recépages, repeuplements, etc.

La manière de procéder lorsqu'il s'agit de convertir en bois des terres livrées au pâturage.

Les formalités à remplir pour obtenir la permission de défricher un bois communal.

Le partage des bois communaux.

Les quarts de réserve.

Les ventes et adjudications des coupes, tant ordinaires qu'extraordinaires.

Les coupes de bois destinées à l'affouage des habitants.

La manière dont les affouages doivent être partagés entre les habitants.

L'indemnité due au gouvernement à raison des frais d'administration des bois communaux.

Le pâturage dans les bois communaux.

Le cantonnement.

Les gardes des bois communaux.

La poursuite des délits commis dans les bois communaux, et les tribunaux compétents pour en connoître.

Ce qui concerne ces différents objets fera la matière des chapitres suivants.

CHAPITRE VI.

Que les bois qui appartiennent aux communes ne sont pas tous indistinctement soumis au régime forestier.

Les bois communaux sont de deux sortes : les uns forment des masses propres à être aménagées, et qui, par cette raison, sont soumises au régime forestier; les autres ne sont que des buissons, des arbres épars sur les terres communales, et particulièrement sur celles livrées aux pâturages, et qui sont peu susceptibles d'une exploitation régulière. Ces bois ont le double avantage d'entretenir la fraîcheur de l'herbe, et d'offrir aux bestiaux un abri contre les ardeurs du soleil : et cette destination les place naturellement sous le régime des officiers municipaux, qui seuls ont le droit de régler ce qui concerne les pâturages communs. Mais tels peuvent être l'étendue, le nombre et la situation de ces buissons et de ces arbres qu'il soit possible de les faire entrer dans l'aménagement d'un bois voisin, qui appartiendroit également à la commune. S'il arrive que l'administration forestière propose cet aménagement, et que l'administration municipale s'y oppose, qui les départagera?

Ce sera, dit le nouveau code, l'administration publique. Mais comment sa religion sera-t-elle éclairée? dans quelle forme procédera-t-elle? cela est réglé par l'article 128 de l'ordonnance d'exécution du 1er août 1827, article qui porte :

« L'administration forestière dressera incessam-« ment un état général des bois appartenant à des « communes ou établissements publics, et qui doivent « être soumis au régime forestier, aux termes des « articles 1er et 90 du code, comme étant suscepti-« bles d'aménagement ou d'une exploitation régulière.

« S'il y a contestation à ce sujet de la part des « communes ou établissements propriétaires, la vé-« rification de l'état des bois sera faite par les agents « forestiers contradictoirement avec les maires ou « administrateurs.

« Le procès-verbal de cette vérification sera en- « voyé par le conservateur au préfet, qui fera déli- « bérer les conseils municipaux des communes ou « les administrateurs des établissements proprié- « taires, et transmettra le tout, avec son avis, à « notre ministre des finances, sur le rapport duquel « il sera statué par nous. »

Lorsque le roi aura prononcé, les parties de bois qu'il aura jugé convenable de soustraire au régime forestier seront administrées par les officiers municipaux qui, sous la surveillance du préfet, les exploiteront de la manière qui leur paroîtra la plus avantageuse à la commune.

CHAPITRE VII.

De la manière de procéder, lorsqu'il s'agit de changer l'aménagément d'un bois communal; ou d'y faire certains travaux d'amélioration tels que recépages, repeuplements, etc.

Les bois ne tombant en coupe qu'à des intervalles très éloignés, et le sol tirant presque toute sa valeur de leur produit, toute disposition relative à leur aménagement, c'est-à-dire qui maintient, change, ou modifie le mode de leur exploitation, est un véritable acte de propriété.

Ces actes devoient donc fixer l'attention du législateur d'une manière spéciale. Aussi voyons-nous dans le code plusieurs dispositions qui les concernent. En voici le résultat.

L'aménagement d'un bois communal doit être changé toutes les fois qu'il donne aux habitants trop ou trop peu, par exemple, lorsque la réserve est inférieure ou supérieure au quart de la totalité des bois. Dans le premier cas, la proposition est faite par les agents forestiers; dans le second, par le maire de la commune; dans l'un et dans l'autre, c'est à l'administration publique que la demande est adressée; et il sera procédé comme nous venons de le dire dans le chapitre précédent.

L'ordonnance d'exécution ajoute, *article* 135. « Nos ordonnances d'aménagement ne seront ren- « dues qu'après que les conseils municipaux ou les « administrateurs des établissements propriétaires au- « ront été consultés sur les propositions d'aménage- « ment, et que les préfets auront donné leur avis. »

En ce qui concerne les travaux d'amélioration, la même ordonnance d'exécution porte:

Article 136. « Les mêmes formalités seront obser- « vées lorsqu'il s'agira de faire effectuer des travaux « extraordinaires; tels que recépages, repeuple- « ments, clôtures, routes, constructions de loges « pour les gardes, et autres travaux d'amélioration.

« Si les communes ou établissements propriétaires

« n'élèvent aucune objection contre les travaux pro-« jetés, ces travaux pourront être autorisés par le « préfet sur la proposition du conservateur. Dans les « cas contraires, il sera statué par nous sur le rapport « de notre ministre des finances. »

CHAPITRE VIII.

De la conversion des pâturages en bois.

Il y a, dans beaucoup de communes, des parties du territoire que les habitants laissent en nature de terres vaines et vagues, et qu'ils consacrent exclusivement au pâturage de leurs bestiaux. Le code autorise l'administration forestière à proposer au gouvernement la conversion de ces pâturages en bois. Mais si, d'un côté, ce changement est réclamé par l'intérêt public, de l'autre il peut choquer celui des communes; et même il est possible que l'administration, en le proposant, ne consulte que son zèle, quelquefois aveugle, pour l'agrandissement du sol forestier. En conséquence, sa proposition doit être communiquée au corps municipal, qui, après en avoir délibéré, l'adopte ou la rejette. Dans le premier cas, l'affaire est terminée; dans le second, elle est soumise au conseil de préfecture, et, en cas d'appel, au conseil-d'État.

Cela est ainsi réglé par le dernier paragraphe de l'article 90, dont voici les termes :

« Lorsqu'il s'agira de la conversion en bois et de « l'aménagement de terrains en pâturages, la propo-« sition de l'administration forestière sera communi-« quée au maire ou aux administrateurs des établis-« sements publics. Le conseil municipal ou ses ad-« ministrateurs seront appelés à en délibérer : en cas « de contestation, il sera statué par le conseil de pré-« fecture, sauf le pourvoi au conseil-d'État. »

CHAPITRE IX.

Du défrichement des bois communaux.

Plus de la moitié du sol forestier, comme nous en avons déja fait l'observation, est possédée par les particuliers; et la portion qui reste à l'État, à la couronne, aux communes, et aux établissements publics, suffit à peine pour assurer le service public et la consommation privée.

La plus impérieuse de toutes les lois, l'intérêt de tous, exigeoit donc qu'il fût défendu aux communes de défricher leurs bois. Mais cette prohibition ne devoit pas être absolue. Il peut y avoir des circonstances, des localités, qui rendent un défrichement nécessaire. Dans ce cas, il est permis; mais le gouvernement seul peut l'autoriser. Telle est la disposition de l'article 91, qui porte: « Les communes et « établissements publics ne peuvent faire aucun dé« frichement de leurs bois sans une autorisation ex« presse et spéciale du gouvernement; ceux qui l'au« roient ordonné ou effectué sans cette autorisation « seront passibles des peines portées au titre XV « contre les particuliers, pour les contraventions de « même nature. »

J'ai deux observations à faire sur cet article. La première a pour objet ces mots: *sans une autorisation expresse et spéciale du* GOUVERNEMENT.

Lors de la discussion qui a eu lieu à la chambre des députés, un honorable membre a fait remarquer que le mot *gouvernement* étoit bien vague; et il a demandé si, pour autoriser un défrichement, une ordonnance royale seroit nécessaire, ou si une simple décision ministérielle seroit suffisante. Le ministre des finances a répondu que jusqu'à présent ces sortes d'autorisation avoient été données par des décisions ministérielles, et que l'esprit de l'article étoit qu'il ne fût rien innové à cet égard. Après cet éclaircissement, l'article a été adopté.

Secondement, notre article dit, et rien de plus, que ceux qui auront ordonné ou effectué un défrichement seront passibles des peines portées au titre XV. Pour connoître ces peines, il faut donc recourir à ce titre XV. Nous y lisons que l'amende sera de 500 fr. au moins, et de 1,500 fr. au plus, par hectare défriché, et qu'en outre l'auteur du défrichement sera tenu de rétablir les lieux en nature de bois dans le délai qui sera fixé par le jugement.

CHAPITRE X.

Des quarts de réserve.

Nous lisons dans le code, article 93 : *Un quart des bois appartenant aux communes sera toujours mis en réserve.*

Cette heureuse idée de ménager des ressources aux communes n'est rien moins que nouvelle ; elle appartient aux rédacteurs de l'ordonnance de 1669 ; et il ne restoit plus qu'à perfectionner leur ouvrage. C'est ce que le code et l'ordonnance rendue pour son exécution ont fait avec beaucoup de sagesse, en établissant les régles suivantes :

1° Point de quart de réserve, si la commune ne posséde pas au moins dix hectares de bois réunis ou divisés ;

2° A l'égard des bois entièrement peuplés en arbres

résineux, il n'en sera pas établi là où il n'en existe pas;

3° Lors de la coupe des quarts en réserve, le nombre des arbres à conserver sera de soixante au moins et de cent au plus par hectare;

4° Hors le cas de dépérissement des quarts en réserve, l'autorisation de les couper ne sera accordée que pour cause de nécessité bien constatée, et à défaut d'autres moyens d'y pourvoir;

5° Les demandes afin d'obtenir l'autorisation de couper les quarts de réserve sont présentées au préfet, qui les transmet, avec son avis, au ministre des finances; et ce ministre, après les avoir communiquées à celui de l'intérieur, les soumet au roi.

CHAPITRE XI.

Des adjudications, des coupes tant ordinaires qu'extraordinaires.

L'article 100 dispose:

« Les ventes des coupes tant ordinaires qu'extraor-
« dinaires seront faites à la diligence des agents fo-
« restiers, dans les mêmes formes que pour les bois
« de l'État, et en présence du maire ou d'un adjoint,
« pour les bois des communes, sans toutefois que

« l'absence des maires ou administrateurs dûment « appelés entraîne la nullité des opérations.

« Toute vente ou coupe effectuée par l'ordre des « maires des communes, en contravention au présent « article, donnera lieu contre eux à une amende qui « ne pourra être au-dessous de 300 francs, ni excéder « 6,000 francs, sans préjudice des dommages-intérêts « qui pourroient être dus aux communes.

« Les ventes ainsi effectuées seront déclarées « nulles. »

L'article suivant porte que les maires, les adjoints, et les receveurs des communes, ne pourront prendre part aux ventes de bois communaux, soit directement ou indirectement, soit comme parties principales, soit comme associés ou cautions, à peine d'une amende qui ne pourra excéder le quart ni être moindre du douzième du montant de l'adjudication, et qu'ils seront en outre passibles de l'emprisonnement et de l'interdiction qui sont prononcés par l'article 175 du code pénal.

L'article 100 exige, comme on vient de le voir, que les ventes des bois communaux soient environnées des mêmes garanties, et se fassent avec les mêmes solennités que celles des bois de l'État. Il faut donc recourir aux dispositions du code qui sont relatives aux adjudications des forêts nationales.

Aux termes de l'article 17, aucune vente ordinaire ou extraordinaire ne peut avoir lieu dans les bois de l'État que par voie d'adjudication publique, qui devra être annoncée, au moins quinze jours d'avance, par des affiches apposées dans les chefs-lieux du département, dans le lieu de la vente, dans la commune de la situation des bois, et dans les communes environnantes.

L'article 20 ajoute: « Toutes les contestations qui « pourront s'élever, pendant les opérations d'adjudi- « cation, sur la validité des enchères ou sur la solva- « bilité des enchérisseurs et des cautions, seront dé- « cidées immédiatement par le fonctionnaire qui « présidera la séance d'adjudication. »

Toutes ces mesures sont fort sages; mais elles sont insuffisantes. Différentes opérations, telles que l'assiette, l'arpentage, balivage, martelage, doivent nécessairement précéder les adjudications, et le code n'en parle pas. Mais cette grande lacune est remplie par l'ordonnance d'exécution; on y lit: « Lorsque les coupes ordinaires et extraordinaires auront été autorisées, les conservateurs désigneront ou feront désigner par les agents forestiers les arbres d'assiette, et feront procéder aux arpentages.

« Les arpenteurs ne pourront, sous peine de révocation et sans préjudice de toutes poursuites en dommages-intérêts, donner aux laies et tranchées qu'ils ouvriront pour le mesurage des coupes plus d'un mètre de largeur.

« Les bois qui en proviendront feront partie de l'adjudication de chaque coupe, ou seront vendus suivant la forme des menus marchés.

« Les coupes seront délimitées par des pieds corniers et parois : lorsqu'il ne se trouvera pas d'arbres sur les angles pour servir de pieds corniers, les arpenteurs y suppléeront par des piquets, et emprunteront au dehors ou au dedans de la coupe les arbres les plus apparents et les plus propres à servir de témoins.

« L'arpenteur sera tenu de faire usage au moins de l'un des pieds corniers de la précédente vente.

« Tous les arbres délimités seront marqués au pied, et le plus près de terre qu'il sera possible, du marteau de l'arpenteur, savoir : les pieds corniers sur deux faces, l'une dans la direction de la ligne qui sera à droite, et l'autre dans celle de la ligne qui sera à gauche ; et les parois sur une seule face, du côté et en regard de la coupe.

« L'arpenteur fera, au-dessus de chaque empreinte de son marteau, dans la même direction et à la hauteur d'un mètre, une entaille destinée à recevoir l'empreinte du marteau royal.

« Les arpenteurs dresseront des plans et procès-verbaux d'arpentage des coupes qu'ils auront mesurées, et ils y indiqueront toutes les circonstances nécessaires pour servir à la reconnoissance des limites de ces coupes lors du récolement.

« Ils en enverront immédiatement deux expéditions

à l'inspecteur ou à l'agent qui en remplira les fonctions dans l'arrondissement.

« Il sera procédé à chaque opération du balivage et de martelage par deux agents au moins; le garde du triage devra y assister, et il sera fait au procès-verbal mention de sa présence.

« Les pieds corniers, les parois, et les arbres à réserve dans les coupes, seront marqués du marteau royal, savoir: les arbres délimités, à la hauteur d'un mètre; et les arbres anciens, les modernes, et les baliveaux de l'âge du taillis, à la hauteur et de la manière qui seront déterminées par les instructions de l'administration.

« Les baliveaux de l'âge du taillis pourront être désignés par un simple griffage ou toute autre marque autorisée par l'administration, lorsque ces arbres seront trop foibles pour recevoir l'empreinte du marteau royal.

« Il sera fait mention, dans les affiches et dans le procès-verbal d'adjudication, du mode de martelage ou de désignation des arbres de réserve.

« Dans les coupes qui s'exploitent en jardinant ou par pied d'arbre, le marteau royal sera appliqué aux arbres à abattre, et la marque sera faite au corps et à la racine.

« Les procès-verbaux de balivage et de martelage indiqueront le nombre et les espèces d'arbres qui auront été marqués en réserve, avec distinction en baliveaux de l'âge, modernes et anciens, pieds corniers, et parois.

« Ces procès-verbaux, revêtus de la signature de tous les agents qui auront concouru à l'opération, seront adressés, dans le délai de huit jours, au conservateur.

« L'estimation des coupes sera faite par un procès-verbal séparé, qui sera adressé au conservateur dans le même délai.

« Les conditions générales des adjudications seront établies par un cahier de charges, délibéré chaque année par la direction générale des forêts, et approuvé par notre ministre des finances.

« Les clauses particulières seront arrêtées par les conservateurs.

« Les clauses et conditions, tant générales que particulières, seront toutes de rigueur, et ne pourront jamais être réputées comminatoires.

« Les affiches indiqueront le lieu, le jour, et l'heure où il sera procédé aux ventes, les fonctionnaires qui devront les présider, la situation, la nature, et la contenance des coupes, et le nombre, la classe, et l'essence des arbres marqués en réserve.

« Il sera fait, dans les affiches et dans les actes de vente des coupes extraordinaires, mention des ordonnances spéciales qui les auront autorisées.

« Les adjudications des coupes ordinaires et extraordinaires auront lieu par-devant les préfets et sous-préfets, dans les chefs-lieux d'arrondissement.

« Toutefois les préfets, sur la proposition des conservateurs, pourront permettre que les coupes dont l'évaluation n'excédera pas 500 francs soient adjugées au chef-lieu d'une des communes voisines des bois, et sous la présidence du maire.

« Les adjudications se feront, dans tous les cas, en présence des agents forestiers et des receveurs chargés du recouvrement des produits.

« Les adjudications se feront aux enchères et à l'extinction des feux.

« Avant l'ouverture des enchères, le conservateur, ou l'agent forestier qui le remplacera pour l'adjudication, fera connoître au fonctionnaire qui présidera la vente le montant de l'estimation des coupes; et les feux ne seront allumés que lorsque les offres seront égales à l'estimation.

« Si cependant les offres se rapprochoient de l'estimation, les feux pourroient être allumés sur la proposition de l'agent forestier. »

L'ordonnance renferme encore quelques autres dispositions également relatives aux adjudications des coupes; je les omets, pour ne pas fatiguer par des détails trop nombreux.

CHAPITRE XII.

Des frais auxquels peuvent donner lieu l'administration, l'exploitation, et la conservation des bois communaux.

Le code renferme à cet égard une innovation importante.

Les communes étoient chargées de tous les frais auxquels la régie, l'exploitation, et la conservation de leurs bois pouvoient donner lieu. Désormais ces frais seront acquittés par le gouvernement; mais le trésor public en sera indemnisé par une contribution ajoutée à la contribution foncière des bois de la commune.

Chaque année cette contribution supplémentaire sera réglée par la loi de finance, et pourra être débattue en connoissance de cause lors de la présentation du budget.

Au moyen de cette indemnité, tous les frais autres que le salaire des gardes seront à la charge de l'État.

Cela est ainsi réglé par les articles 106, 107, 108, et 109, dont voici les termes:

« Pour indemniser le gouvernement des frais d'ad-
« ministration des bois des communes ou établisse-

« ments publics, il sera ajouté annuellement à la « contribution foncière établie sur ces bois une somme « équivalente à ces frais. Le montant de cette somme « sera réglé chaque année par la loi de finance; elle « sera répartie au marc le franc de ladite contribution, « et perçue de la même manière.

« Moyennant les perceptions ordonnées par l'article « précédent, toutes les opérations de conservation et « de régie dans les bois des communes et des établis- « sements publics seront faites par les agents et prépo- « sés de l'administration forestière, sans aucuns frais.

« Les poursuites, dans l'intérêt des communes et « des établissements publics, pour délits ou contra- « ventions commis dans leurs bois, et la perception « des restitutions et dommages-intérêts prononcés en « leur faveur, seront effectuées sans frais par les « agents du gouvernement, en même temps que celles « qui ont pour objet le recouvrement des amendes « dans l'intérêt de l'État.

« En conséquence, il n'y aura lieu à exiger à l'ave- « nir, des communes et établissements publics, ni « aucun droit de vacation, d'arpentage, de réarpen- « tage, de décime, de prélèvement quelconque, pour « les agents et préposés de l'administration forestière, « ni le remboursement, soit des frais des instances « dans lesquelles l'administration succomberoit, soit « de ceux qui tomberoient en non-valeurs par l'insol- « vabilité des condamnés.

« Le salaire des gardes particuliers restera à la « charge des communes.

« Les coupes ordinaires et extraordinaires sont « principalement affectées au paiement des frais de « garde, de la contribution foncière, et des sommes « qui reviennent au trésor à titre d'indemnité. »

CHAPITRE XIII.

Du partage des bois communaux.

Les biens communaux appartiennent, quant au sol, à la commune; et aux habitants, quant au produit annuel.

Ainsi tout partage du fond des bois communaux est interdit aux habitants. Ce seroit de leur part une entreprise sur la propriété de l'individu moral, que l'on nomme la commune.

Mais, si un bois appartient par indivis à deux ou plusieurs communes, elles peuvent le partager entre elles. Le code leur en donne la faculté; et cette faculté n'est autre chose que la conséquence du principe qui veut que personne ne soit tenu de demeurer dans l'indivision.

A l'égard des produits annuels, et dans les limites

des jouissances ordinaires, comme ces produits appartiennent à chaque habitant en particulier, chacun d'eux a le droit d'y prendre une part égale à celle des autres.

On donne le nom d'*affouage* aux coupes dont la destination est d'être ainsi partagées entre les habitants.

Le code et l'ordonnance d'exécution renferment relativement à ces sortes de partage, les dispositions que l'on va lire.

Les coupes des bois communaux destinées à être partagées en nature pour l'affouage des habitants ne peuvent avoir lieu qu'après que la délivrance en a été préalablement faite par les agents forestiers.

Ces coupes doivent être faites par un entrepreneur spécial agréé par l'administration forestière, et qui est assujetti à des précautions qui garantissent la bonne exploitation des coupes.

Le partage des bois est fait par feu, c'est-à-dire par chef de famille ou de maison, *ayant domicile réel et fixe dans la commune*, s'il n'y a titre ou usage contraire.

Sur le prix des coupes ordinaires et extraordinaires il est fait un prélèvement destiné au paiement des gardes, à l'acquit des contributions dont les bois sont grevés, et au remboursement des frais avancés par le trésor public pour l'administration de ces mêmes bois.

Lorsque les coupes sont délivrées en nature et partagées entre les habitants, si les communes n'ont pas d'autres ressources, il sera distrait une portion suffisante des coupes pour être vendue aux enchères avant toute distribution, et le prix en être employé au paiement des gardes, de la contribution, et de l'indemnité due au trésor public.

Dans ce cas, le préfet, sur les propositions de l'agent forestier et du maire de la commune, déterminera la portion de coupe affouagère qui devra être vendue aux enchères.

Lorsque des arbres seront délivrés aux habitants pour construction ou réparation de leur maison, s'il n'y a titre ou usage contraire, la valeur de ces arbres sera estimée par experts et payée à la commune.

Lorsqu'il s'élèvera des difficultés sur cette évaluation, il y aura lieu à une expertise; et cette expertise sera faite, dans le procès-verbal de la délivrance, par le maire de la commune ou son délégué, par l'agent forestier, et par un expert au choix de la partie prenante.

Les actes relatifs à ces opérations seront visés pour timbre et enregistrés en débet, et il n'y aura lieu à la perception des droits que dans le cas de poursuites devant les tribunaux.

Dans les coupes ordinaires et extraordinaires, la réserve sera de quarante baliveaux au moins et de cinquante au plus par hectare.

Les communes qui ne sont pas dans l'usage d'employer la totalité des bois de leurs coupes à leur propre consommation feront connoître à l'agent forestier local la quantité de bois qui leur sera nécessaire tant pour chauffage que pour construction et réparation, et il en sera fait délivrance, soit par l'adjudicataire de la coupe, soit au moyen d'une réserve sur cette coupe; le tout conformément à leur demande et aux clauses du cahier des charges de l'adjudication.

CHAPITRE XIV.

Des communes qui ont des droits d'usage dans les bois de l'État; formalités qu'elles doivent remplir pour être maintenues dans l'exercice de ces droits.

Aux termes d'une loi du 28 ventose an XI (19 mars 1803), les communes qui se prétendoient fondées à réclamer des droits d'usage dans les forêts du domaine public ont dû produire leurs titres aux secrétariats des préfectures et sous-préfectures, et cela dans le délai de six mois.

Ce délai a été prorogé également de six mois par la loi du 7 ventose an XII (27 février 1804), dont le dernier article porte *que les usagers qui n'auroient pas déposé leurs titres dans ce délai seront déclarés irrévocablement déchus de tous leurs droits.*

Cette déchéance n'a pas été vigoureusement appliquée; on a continué à recevoir les titres des usagers, même après l'expiration du délai de six mois. Les conseils de préfecture, se croyant saisis de la connoissance de ces sortes d'affaires par le dépôt des pièces entre les mains du préfet, se sont plus d'une fois permis de prononcer sur les droits des communes; et leurs décisions ont été confirmées par le ministre des finances. Quelques unes de ces contestations sont encore pendantes, soit devant les tribunaux, soit devant les conseils de préfecture. Enfin plusieurs communes, n'étant pas inquiétées dans leur jouissance, se sont crues dispensées de produire leurs titres.

Cet état de choses a déterminé les dispositions de l'article 61 du code, qui a pour objet de reconnoître ceux qui désormais seront admis à exercer des droits d'usage dans les bois de l'État, et qui porte: « Ne « seront admis à exercer un droit d'usage quelconque « dans les bois de l'État que ceux dont les droits au- « ront été, au jour de la promulgation de la présente « loi, reconnus fondés, soit par des actes du gouver- « nement, soit par des jugements ou arrêts définitifs, « ou seront reconnus tels par suite d'instances admi- « nistratives ou judiciaires actuellement engagées, ou « qui seroient intentées devant les tribunaux, dans le

« délai de deux ans à dater du jour de la promulga-« tion de la présente loi, par des usagers actuellement « en jouissance. »

L'article 218 du code ajoute « que les contestations « auxquelles les titres produits par les communes « pourront donner lieu seront jugées d'après les lois, « ordonnances, édits et déclarations, arrêts du con-« seil, arrêtés, décrets, et réglements ci-dessus men-« tionnés. »

CHAPITRE XV.

Des usages en bois à brûler et à bâtir.

Le code ne change rien, quant au fond du droit, relativement aux usages en bois à brûler et à bâtir. Lorsqu'il s'élèvera des difficultés sur le sens ou la validité des titres qui les constituent, il faudra toujours se référer aux lois anciennes. La nouvelle se borne à régler l'exercice de ces droits.

C'est ainsi que, par son article 65, elle autorise l'administration forestière à *réduire l'exercice du droit d'usage dans les bois de l'État suivant la possibilité des forêts.* Cet article porte : « Dans toutes les forêts de « l'État qui ne seront point affranchies au moyen du

« cantonnement ou de l'indemnité, l'exercice des « droits d'usage pourra toujours être réduit par l'ad-« ministration, suivant l'état et la possibilité des « forêts. »

C'est pour la première fois que nous voyons cette faculté de réduire les droits des usagers érigée en loi; mais le principe n'est rien moins que nouveau. Nous lisons dans des auteurs très anciens que, dès le quatorzième siècle, toutes les fois que des droits d'usage dans une forêt absorboient la totalité ou la presque totalité de ses produits, le propriétaire pouvoit en demander la réduction, de manière, dit Faber, qui écrivoit vers l'an 1340, que la propriété ne fût jamais un titre stérile : *in tantum quod proprietas valeat.*

Le même article 65 ajoute : « En cas de contestation « sur l'état et la possibilité des forêts, il y aura lieu à « recours aux conseils de préfecture. »

On justifie la préférence que cet article donne aux conseils de préfecture sur les tribunaux en disant qu'il ne s'agit pas ici du fond du droit, mais seulement d'en régler l'exercice; ce qui, dit-on, ne peut appartenir qu'à l'administration.

On pourroit observer qu'un réglement de cette espèce attaque directement la propriété, puisque son résultat nécessaire est d'en diminuer le produit, et que les appels des conseils de préfecture se portant au conseil du roi, c'est rendre le gouvernement juge dans sa propre cause. Au snrplus si cette attribution aux conseils de préfecture choque les principes, c'est le tort du législateur. Quant aux magistrats, ils diront : Les lois parlent, il suffit ; ce sont là nos oracles.

L'ordonnance d'exécution va plus loin que le code ; elle régle la manière dont la délivrance des bois à brûler et à bâtir doit être faite aux communes usagères dans les forêts de l'Etat. Voici ce qui résulte de ses articles 122 et 123 :

La délivrance des bois de chauffage a lieu de deux manières, par stères ou par coupe ; cela dépend des titres et de la possession.

La délivrance a lieu par stères toutes les fois que le chauffage est réglé proportionnellement au nombre des feux ; de manière que la quantité de stères que chaque habitant doit recevoir est invariablement déterminée. Dans ce cas, le bois à delivrer aux usagers doit être mis en charge sur les coupes adjugées, et fourni aux usagers, par les adjudicataires, aux époques fixées par le cahier des charges.

La délivrance se fait par coupe lorsqu'il est établi, soit par les titres, soit par la possession, que, pour remplir une commune de son droit de chauffage, il lui sera délivré chaque année telle ou telle quantité d'hectares : la délivrance de ces hectares doit être effectuée dans les mains du maire, qui en fait le partage entre les habitants ; et l'exploitation s'en fera par un entrepreneur agréé par l'agent forestier.

Quant au bois pour construire et réparer, aucune

délivrance n'en doit être faite aux usagers que sur la présentation de devis dressés par des gens de l'art, et constatant les besoins.

Ces devis doivent être remis, avant le 1er février de chaque année, à l'agent forestier local, qui en donnera reçu; et le conservateur, après avoir fait effectuer les vérifications qu'il jugera nécessaires, adressera l'état de toutes les demandes de cette nature au directeur-général, en même temps que l'état général des coupes ordinaires, pour être revêtu de son approbation.

La délivrance de ces bois sera mise en charge sur les coupes en adjudication, et sera faite à l'usager par l'adjudicataire à l'époque fixée par le cahier des charges.

Dans le cas d'urgence constatée par le maire de la commune, la délivrance pourra être faite en vertu d'un arrêté du préfet, rendu sur l'avis du conservateur. L'abattage et le façonnage des arbres auront lieu aux frais de l'usager, et les branchages et remanents seront vendus comme menus marchés.

CHAPITRE XVI.

Du cantonnement.

Le droit de provoquer le cantonnement étoit réciproque. Désormais les propriétaires jouiront seuls de cette faculté. Le code, innovant à cet égard, en interdit l'exercice aux usagers.

Ainsi les communes qui ont des droits d'usage en bois à brûler et à bâtir, dans l'impuissance de provoquer le cantonnement, seront obligées de le subir toutes les fois qu'il plaira au propriétaire d'en former la demande. Mais par quel procédé s'assurera-t-on que la partie de la forêt qui est délivrée aux usagers à titre de cantonnement forme le juste équivalent des droits dont ils perdent la jouissance? C'est ce que le code ne dit pas.

L'ordonnance d'exécution, statuant dans l'intérêt de l'État, et pour le cas où le cantonnement a lieu dans une forêt domaniale, établit les régles suivantes:

« Lorsqu'il y aura lieu d'affranchir les forêts de l'État des droits d'usage en bois au moyen d'un cantonnement, le conservateur en adressera la proposition au directeur-général, qui la soumettra à l'approbation de notre ministre des finances. *Art.* 112.

« Le ministre des finances prescrira au préfet, s'il y a lieu, de procéder aux opérations préparatoires du cantonnement.

« A cet effet, un agent forestier désigné par le conservateur, un expert choisi par le directeur des domaines, et un troisième expert nommé par le préfet, estimeront :

« 1° D'après les titres des usagers, les droits d'usage en bois, en indiquant par une somme fixe en argent la valeur représentative de ces divers droits, tant en bois de chauffage qu'en bois de construction ;

« 2° Les parties de bois à abandonner pour le cantonnement, dont ils feront connoître l'assiette, l'abornement, la contenance, l'essence dominante, et l'évaluation en fonds et en superficie, en distinguant le taillis de la futaie et mentionnant les claires-voies, s'il y en a ;

« 3° Les procès-verbaux indiqueront en outre les routes, rivières ou canaux qui servent aux débouchés, et les villes ou usines à la consommation desquelles les bois sont employés.

« La proposition de cantonnement, ainsi fixée provisoirement, sera signifiée par le préfet à l'usager. *Art.* 113.

« Si l'usager donne son consentement à cette proposition, il sera passé entre le préfet et lui, et sous la forme administrative, acte de l'engagement pris par l'usager d'accepter sans nulle contestation le cantonnement tel qu'il lui a été proposé, sauf notre homologation.

« Cet acte, avec toutes les pièces à l'appui, sera transmis par le préfet à notre ministre des finances, qui, après avoir pris l'avis des directions-générales des domaines et des forêts, soumettra le projet de cantonnement à notre homologation. *Art.* 114.

« Si l'usager refuse de consentir au cantonnement qui lui est proposé, et éléve des réclamations, soit sur l'évaluation de ses droits d'usage, soit sur l'assiette et la valeur du cantonnement, le préfet en référera à notre ministre des finances, lequel lui prescrira, s'il y a lieu, d'intenter action contre l'usager devant les tribunaux, conformément à l'art. 63 du code forestier. *Art.* 115. »

CHAPITRE XVII.

Que le pâturage ne donne pas lieu au cantonnement, mais qu'il peut être racheté.

Le propriétaire d'un bois ouvert au pâturage ne peut pas s'affranchir de cette servitude par la voie du cantonnement, mais il peut la racheter.

Un rachat suppose une valeur connue, un prix déterminé. Toutes les fois qu'il s'agira d'effectuer le rachat d'un droit de pâturage, il faudra donc commencer par en fixer la valeur. Cette évaluation doit se faire dans la forme prescrite par les articles 112 et 113 de l'ordonnance d'exécution, articles que nous rapportons dans le chapitre précédent. En cas de contestations de la part du conseil municipal, l'indemnité due à la commune, ou, ce qui est la même chose, le prix du rachat *sera réglé par les tribunaux*. Ce sont les termes de l'article 64 du code.

Mais sur quelles bases reposera le jugement des tribunaux? Il s'en présente deux : le préjudice que le pâturage fait au bois qui en est grevé, ou l'avantage qu'il procure à la commune qui en jouit; mais ces deux bases peuvent conduire à des résultats bien différents, puisqu'il est possible que les circonstances soient telles que le pâturage profite beaucoup plus à la commune qu'il ne nuit à la forêt. Cependant le code ne dit pas auquel de ces deux modes les juges donneront la préférence. Il me semble que le mieux seroit de les combiner, de les modifier l'un par l'autre, et d'en faire sortir un prix moyen. Au surplus, ces sortes d'évaluations étant toujours et nécessairement subordonnées aux localités, le législateur ne pouvoit que s'en rapporter à la prudence des juges, et leur donner, à cet égard, un pouvoir discrétionnaire.

La règle qui autorise le rachat du pâturage reçoit une modification très importante.

Il y a des localités où, le sol se refusant aux productions qui entrent dans le commerce, les habitants n'ont d'autres moyens d'existence que l'éducation et la vente des bestiaux. Les pâturages sont donc pour eux d'un prix inestimable. En effet, les en priver ce seroit les mettre dans la nécessité d'abandonner les lieux qui les ont vus naître. Et que trouveroient-ils ailleurs avec le foible dividende qui reviendroit à chacun d'eux dans la somme formant le prix du rachat?

La justice, l'humanité, l'intérêt public, tout se réunissoit donc pour réclamer, en faveur de ces communes, une exception à la règle générale. Cette exception, nous la trouvons dans la seconde partie de l'article 64, dont voici les termes: « Néanmoins « le rachat ne pourra être requis par l'administra- « tion dans les lieux où l'exercice du droit de pâtu- « rage est devenu d'une absolue nécessité pour les « habitants d'une ou de plusieurs communes. Si cette « nécessité est contestée par l'administration fores- « tière, les parties se pourvoiront devant le conseil « de préfecture, qui, après une enquête *de commodo* « *et incommodo*, statuera, sauf le recours au conseil « d'État. »

L'article 116 de l'ordonnance d'exécution ajoute: « Notre ministre, avant de prononcer sur la propo-

« sition de l'administration forestière, la communi-« quera au préfet, lequel donnera des renseigne-« ments précis et motivés sur l'absolue nécessité de « l'usage pour les habitants.

« Lorsque le ministre aura prononcé, le préfet, « avant de faire procéder à l'estimation préparatoire, « notifiera la proposition de rachat au maire de la « commune usagère, en lui prescrivant de faire dé-« libérer le conseil municipal, pour qu'il exerce, s'il « le juge à propos, le pourvoi qui lui est réservé par « le § 2 de l'article 64 du code forestier.

« Le procès-verbal des experts ne contiendra que « l'évaluation en argent des droits des usagers, d'a-« près leurs titres. »

Les régles sont les mêmes pour le rachat des droits de panage et de glandée.

CHAPITRE XVIII.

De la manière dont les communes doivent user des droits de pâturage, panage, et glandée, dans les bois de l'État.

Le code prescrit à cet égard des régles fort sages; voici les principales:

Les usagers ne peuvent exercer leur droit de pâturage que dans les bois déclarés défensables par l'administration forestière, et ce nonobstant tous titres et possessions contraires, *sauf*, porte l'art. 67 du code, *le recours au conseil de préfecture; et ce nonobstant toutes possessions contraires* (1).

Chaque année, avant le 1er mars, les agents forestiers feront connoître aux communes les cantons qu'ils auront déclarés défensables et le nombre des bestiaux qui seront admis au pâturage.

Les usagers ne peuvent envoyer dans les cantons déclarés défensables que les bestiaux qui servent à leur propre usage.

Les agents forestiers indiqueront les chemins par lesquels les bestiaux iront au pâturage et en reviendront. Et si ces chemins traversent des bois non défensables, il pourra être fait, à frais communs, des fossés qui les en séparent (2).

---

(1) M. le comte Roi, dans son beau rapport à la chambre des pairs, fait sur ce recours au conseil de préfecture des réflexions extrêmement judicieuses : je les transcris.

Les pourvois administratifs ne sont pas suspensifs : Si des bois non défensables ont été déclarés défensables, ils seront ravagés quand la décision de l'administration supérieure interviendra ; dans le cas, au contraire, où la délivrance de cantons défensables auroit été refusée, la saison du pâturage sera passée quand la décision sera rendue.

Et encore, qui statuera sur les dommages-intérêts qui seront dus dans l'un et l'autre cas? les tribunaux, sans doute : de manière que, pour le même fait, il faudra plaider dans tous les degrés, et par-devant les autorités administratives, et par-devant les tribunaux.

(2) Si les usagers étoient fondés à se plaindre de la désignation des

Le troupeau de commune ou section de commune sera conduit par un ou plusieurs pâtres communs, choisis par l'autorité municipale.

Les particuliers ne peuvent ni conduire eux-mêmes ni faire conduire leurs bestiaux à garde séparée, à peine de deux francs d'amende par tête de bétail (1).

L'administration forestière fixera, d'après les droits des usagers, le nombre des porcs qui pourront être mis en panage et des bestiaux qui pourront être admis au pâturage.

Les communes sont responsables des condamnations pécuniaires prononcées contre les pâtres auxquels elles auront confié la garde des troupeaux communs (2).

---

chemins, ils pourroient s'adresser à l'administration forestière, et enfin aux tribunaux, juges ordinaires toutes les fois que la loi n'indique pas une juridiction d'exception.

(1) Il en seroit autrement si un propriétaire jouissoit du droit d'usage, non comme habitant de la commune, mais à titre particulier et en vertu d'un droit personnel.

(2) Les communes ne sont responsables de leurs pâtres que pendant la durée de leur exercice, puisque hors de cet exercice les pâtres ne sont plus les agents des communes; mais cette responsabilité pèse sur elles pour tout les délits que les pâtres peuvent commettre ailleurs que dans les limites du parcours assignées au pâturage; car ce n'est qu'en qualité de préposés de la commune, et pour l'exercice de ses droits d'usage, qu'ils sont admis dans les forêts.

Les porcs et bestiaux seront marqués d'une empreinte spéciale.

Les usagers mettront des clochettes au cou de tous les animaux admis au pâturage, sous peine de deux francs d'amende par chaque bête.

L'introduction des chèvres, moutons et brebis dans les bois est rigoureusement interdite, nonobstant tous titres et possessions contraires.

Enfin, aux termes de l'article 149 : « Tous usagers « qui, en cas d'incendie, refuseroient de porter des « secours dans les bois soumis à leur droit d'usage, « seront traduits en police correctionnelle, privés « de ce droit pendant un an au moins et cinq ans au « plus, et condamnés en outre aux peines portées « en l'article 475 du code pénal. »

CHAPITRE XIX.

Des gardes préposés à la conservation des bois des communes.

Le code et l'ordonnance d'exécution renferment plusieurs articles relatifs aux gardes des bois communaux; leurs dispositions établissent les régles suivantes :

Le choix des gardes est fait par le maire de la commune, sauf l'approbation du conseil municipal;

ils sont agréés par l'administration forestière, qui délivre les commissions; en cas de dissentiment, le préfet prononce.

Ils peuvent être suspendus par l'administration forestière; mais la destitution, s'il y a lieu, est prononcée par le préfet, après avoir pris l'avis du conseil municipal ainsi que de l'administration forestière.

Le code ne dit pas de quelle manière il sera pourvu à la conservation des bois pendant le temps de la suspension des gardes.

Mais l'article 38 de l'ordonnance d'exécution autorise le conservateur à les remplacer provisoirement.

A défaut, par les communes, de faire choix d'un garde dans le mois de la vacance de l'emploi, le préfet y pourvoira sur la demande de l'administration forestière.

Si l'administration forestière et les communes jugent convenable de confier à un même individu la garde d'un canton de bois appartenant à des communes et d'un canton de bois de l'État, la nomination du garde appartient à cette administration seule. Son salaire sera payé proportionnellement par chacune des parties intéressées.

Le salaire des gardes est réglé par le préfet, sur la proposition du conseil municipal.

Les gardes sont responsables des délits, dégâts, abus et abroutissements qui ont lieu dans leurs triages, et passibles des amendes et indemnités qui seroient encourues par les délinquants, lorsqu'ils n'ont pas dûment constaté les délits.

Les gardes forestiers résideront dans le voisinage des forêts ou triages confiés à leur surveillance. Le lieu de leur résidence sera indiqué par le conservateur.

Les gardes tiendront un registre d'ordre qu'ils feront coter et parapher par le sous-préfet de l'arrondissement.

Ils sont autorisés à porter un fusil simple pour leur défense, lorsqu'ils font leurs tournées et visites dans les forêts.

Il leur est défendu, sous peine de révocation, de faire le commerce de bois, d'exercer aucune industrie où le bois sera employé comme matière principale, de tenir auberge ou de vendre des boissons en détail.

Nul ne peut être garde s'il n'est âgé de vingt-cinq ans accomplis.

Enfin les gardes des communes, couverts de toutes les garanties qui environnent les agents de l'administration publique, ne peuvent être traduits en justice, pour délits commis dans l'exercice de leurs fonctions, qu'en vertu d'une autorisation du gouvernement (1).

---

(1) Le garde forestier prévenu d'un délit commis en sa double qualité de garde et d'officier de police judiciaire ne peut être traduit que devant une cour royale, et en vertu d'une autorisation préalable du conseil d'état. Arrêt de la cour de cassation, du 24 décembre 1824, section criminelle.

CHAPITRE XX.

Des procès-verbaux dressés par les gardes des communes, des formalités dont ils doivent être revêtus, et de la foi qui leur est due.

L'article 99 du code porte : « Les gardes des bois « des communes sont en tout assimilés aux gardes des « bois de l'État et soumis aux mêmes agents..... et « leur procès-verbaux font également foi en justice, « pour constater les délits et contraventions commis « même dans les bois soumis au régime forestier « autres que ceux dont la garde leur est confiée. »

Ainsi pour juger de la régularité des procès-verbaux dressés par les gardes des communes, et de la foi qui leur est due, il faut recourir au titre du code qui s'occupe des gardes des bois de l'État(1), nous y lisons :

« Les gardes recherchent et constatent par des procès-verbaux les délits et contraventions commis dans l'arrondissement du tribunal auprès duquel ils sont assermentés.

« Les gardes sont autorisés à saisir les bestiaux trou-

(1) Titre XI, section 1re.

vés en délit, et les instruments, voitures et attelages des délinquants, et à les mettre en séquestre. Ils suivront les objets enlevés par les délinquants jusque dans les lieux où ils auront été transportés, et les mettront également en séquestre.

« Ils ne pourront néanmoins s'introduire dans les maisons, bâtiments, cours adjacentes ou enclos, si ce n'est en présence, soit du juge de paix ou de son suppléant, soit du maire du lieu ou de son adjoint, soit du commissaire de police.

« Les gardes doivent écrire eux-mêmes leurs procès-verbaux, les signer, et les affirmer au plus tard le lendemain de la clôture desdits procès-verbaux par-devant le juge de paix du canton ou l'un de ses suppléants, ou par-devant le maire ou l'adjoint, soit de la commune de leur résidence, soit de celle où le délit a été commis ou constaté; le tout sous peine de nullité.

« Toutefois, si, par suite d'un empêchement quelconque, le procès-verbal est seulement signé par le garde, mais non écrit en entier de sa main, l'officier public qui en recevra l'affirmation devra en donner préalablement lecture, et faire ensuite mention de cette formalité; le tout sous peine de nullité du procès-verbal.

« Les procès-verbaux dressés par les agents forestiers, par les gardes généraux, et par les gardes à cheval, sont dispensés de l'affirmation.

« Ces procès-verbaux seront, sous peine de nullité, enregistrés dans les quatre jours qui suivront celui de l'affirmation, ou celui de la clôture du procès-verbal ; s'il n'est pas sujet à l'affirmation, l'enregistrement s'en fera en débet.

« Les procès-verbaux réguliers et qui sont signés par deux agents ou gardes forestiers font preuve, jusqu'à inscription de faux, des faits matériels relatifs aux délits et contraventions qu'ils constatent, quelles que soient les condamnations auxquelles ces délits et contraventions peuvent donner lieu.

« Il ne sera, en conséquence, admis aucune preuve outre ou contre le contenu de ces procès-verbaux, à moins qu'il n'existe une cause légale de récusation contre l'un des signataires.

« Il en sera de même des procès-verbaux revêtus des formalités prescrites quoiqu'ils ne soient signés que d'un seul agent ou garde, lorsque le délit ou la contravention n'entraînera pas une condamnation de plus de cent francs, tant pour amende que pour dommages-intérêts.

« Si le procès-verbal est dressé contre plusieurs délinquants, il fera également foi, lorsque chaque condamnation n'excédera pas la somme de cent francs, quoique toutes réunies soient supérieures à cette somme. »

CHAPITRE XXI.

De la poursuite des délits commis dans les bois communaux, et des tribunaux compétents pour en connoître.

Les gardes, après avoir rédigé leurs procès-verbaux dans les formes que nous venons d'indiquer, les adressent au fonctionnaire auquel ils sont spécialement subordonnés, c'est-à-dire au garde-général, au sous-inspecteur, ou à l'inspecteur préposé à la surveillance immédiate de leur triage.

Le fonctionnaire auquel le procès-verbal est adressé le défère au tribunal correctionnel de l'arrondissement. Ainsi l'ordonne l'article 171 du code, dont voici les termes : « Toutes les actions et poursuites « exercées au nom de l'administration générale des « forêts, et à la requête de ses agents, en réparation « de délits ou contraventions en matière forestière, « sont portées devant les tribunaux correctionnels, « lesquels sont seuls compétents pour en connoître. »

La citation doit, à peine de nullité, contenir la copie du procès-verbal et de l'acte d'affirmation.

Les gardes de l'administration sont autorisés à faire ces sortes d'exploits, mais il ne leur est pas permis de procéder aux saisies-exécutions.

Leurs salaires sont les mêmes que ceux des huissiers des justices de paix.

Les délits ou contraventions en matière forestière seront prouvés soit par procès-verbaux, soit par témoins à défaut de procès-verbaux, ou en cas d'insuffisance de ces actes.

L'article 182 sanctionne la jurisprudence de la cour de cassation sur un point fort important. En voici les termes : « Si, dans une instance en réparation de délit ou contravention, le prévenu excipe « d'un droit de propriété ou autre droit réel, le tribunal saisi de la plainte statuera sur l'incident en se « conformant aux régles suivantes :

« L'exception préjudicielle ne sera admise qu'autant qu'elle sera fondée, soit sur un titre apparent, « soit sur des faits de possession équivalents, personnels au prévenu et par lui articulés avec précision, « et si le titre produit ou les faits articulés sont de « nature, dans le cas où ils seroient reconnus par « l'autorité compétente, à ôter au fait qui sert de « base aux poursuites tout caractère de délit ou de « contravention.

« Dans le cas de renvoi à fins civiles, le jugement « fixera un bref délai dans lequel la partie qui aura « élevé la question préjudicielle devra saisir les juges « compétents de la connoissance du litige, et justifier « de ses diligences ; sinon il sera passé outre. Toutefois, en cas de condamnation, il sera sursis à l'exé-

« cution du jugement sous le rapport de l'empri-« sonnement, s'il étoit prononcé; et le montant des « amendes, restitution, et dommages-intérêts, sera « versé à la caisse des dépôts et consignations, pour « être remis à qui il sera ordonné par le tribunal qui « statuera sur le fonds du droit. »

Les agents forestiers ont le droit d'exposer l'affaire devant le tribunal, qui ne peut pas refuser de les entendre.

A l'audience, l'agent chargé de la poursuite a une place particulière à la suite du parquet. Il y assistera en uniforme, et se tiendra découvert pendant toute la séance.

Les agents de l'administration des forêts peuvent, en son nom, interjeter appel des jugements, et se pourvoir contre les arrêts et jugements en dernier ressort; mais ils ne peuvent se désister de leurs appels sans autorisation spéciale.

Cette faculté accordée à l'administration est indépendante du droit qui appartient au ministère public d'interjeter appel et de se pourvoir en cassation, droit dont il peut user lors même que l'administration auroit acquiescé au jugement.

Les actions en réparation de délits et contraventions en matière forestière se prescrivent par trois mois, à compter du jour où les délits et contraventions ont été constatés, lorsque les prévenus sont désignés dans les procès-verbaux. Dans le cas contraire, le délai de prescription est de six mois, à compter du même jour.

La cour de cassation a jugé que lorsque la prescription d'un délit correctionnel a été interrompue par une action intentée, et qu'il y a lieu en cessation de poursuites, la nouvelle prescription devoit être la même que celle établie primitivement.

CHAPITRE XXII.

Mesures de conservation.

Le code ne se borne pas à régler ce qui concerne les délimitations, les aménagements, les adjudications, les exploitations, le partage des coupes affouagères. Portant plus loin sa sollicitude, il prohibe dans l'intérieur des forêts tout ce qui en détérioreroit le sol; et, franchissant leurs limites, il en écarte tout ce qui pourroit leur nuire (1).

Il défend de porter ou allumer du feu dans l'intérieur et à la distance de deux cents mètres des bois

---

(1) Voyez le code, titre X, section 1re; et l'ordonnance d'exécution, titre IX, section 2.

et forêts, sous peine d'une amende de 20 à 100 francs; et des dommages-intérêts, en cas d'incendie.

Aux termes de l'article 144 : « Toute extraction ou « enlèvement non autorisé de pierres, sable, mine- « rai, terre ou gazon, tourbe, bruyères, genêts, her- « bages, feuilles vertes ou mortes, engrais existant « sur le sol des forêts, glands, faînes, et autres fruits « ou semences des bois et forêts, donnera lieu à des « amendes qui seront fixées ainsi qu'il suit :

« Par charretée ou tombereau, de 10 à 30 francs « pour chaque bête attelée;

« Par chaque charge de bête de somme, de 5 à « 15 francs;

« Par chaque charge d'homme, de 2 à 6 francs. »

L'application de cet article aux bois régis par l'administration forestière exigeoit des mesures spéciales. Elles sont consignées dans l'ordonnance d'exécution. On y lit :

« Dans les bois et forêts qui sont régis par l'administration forestière, l'extraction de productions quelconques du sol forestier ne pourra avoir lieu qu'en vertu d'une autorisation formelle délivrée par le directeur-général des forêts, s'il s'agit des bois de l'État; et s'il s'agit de ceux des communes et des établissements publics, par les maires ou administrateurs des communes ou établissements propriétaires, sauf l'approbation du directeur-général des forêts, qui, dans tous les cas, réglera les conditions et le mode d'extraction.

« Quant au prix, il sera fixé, pour les bois de l'État, par le directeur-général des forêts; et pour les bois des communes et des établissements publics, par le préfet, sur les propositions des maires ou administrateurs.

« Lorsque les extractions de matériaux auront pour objet des travaux publics, les ingénieurs des ponts et chaussées, avant de dresser le cahier des charges des travaux, désigneront à l'agent forestier supérieur de l'arrondissement les lieux où ces extractions devront être faites.

« Les agents forestiers, de concert avec les ingénieurs ou conducteurs des ponts et chaussées, procéderont à la reconnoissance des lieux, détermineront les limites du terrain où l'extraction pourra être effectuée, le nombre, l'espèce et les dimensions des arbres dont elle pourra nécessiter l'abattage, et désigneront les chemins à suivre pour le transport des matériaux. En cas de contestations sur ces divers objets, il sera statué par le préfet.

« Les diverses clauses et conditions qui devront être imposées aux entrepreneurs, tant pour le mode d'extraction que pour le rétablissement des lieux en bon état, seront rédigées par les agents forestiers, et remises par eux au préfet, qui les fera insérer au cahier des charges des travaux.

« L'évaluation des indemnités dues à raison de l'occupation ou de la fouille des terrains, et des dégâts causés par l'extraction, sera faite conformément aux articles 55 et 56 de la loi du 16 septembre 1807.

« L'agent forestier supérieur de l'arrondissement remplira les fonctions d'expert dans l'intérêt de l'État; et les experts dans l'intérêt des communes ou des établissements publics seront nommés par les maires ou les administrateurs.

« Les agents forestiers et les ingénieurs et conducteurs des ponts et chaussées sont expressément chargés de veiller à ce que les entrepreneurs n'emploient pas les matériaux provenant des extractions à d'autres travaux que ceux pour lesquels elles auront été autorisées.

« Les agents forestiers exerceront contre les contrevenants toutes poursuites de droit.

« Les arbres et portions de bois qu'il seroit indispensable d'abattre pour effectuer les extractions seront vendus comme menus marchés, sur l'autorisation du conservateur.

« Les réclamations qui pourront s'élever relativement à l'exécution des travaux d'extraction et à l'évaluation des indemnités seront soumises aux conseils de préfecture, conformément à l'article 4 de la loi du 17 février 1800 (28 pluviose an VIII). »

Les opinions étoient divisées relativement à l'élagage des arbres de lisière. Le code décide que la prescription de trente ans éteint le droit de l'exiger (1); et l'ordonnance d'exécution, statuant dans l'intérêt des bois administrés par l'agence forestière, établit les règles suivantes :

« Quand les arbres de lisière qui ont actuellement plus de trente ans auront été abattus, les arbres qui les remplaceront devront être élagués, conformément à l'article 572 du code civil, lorsque l'élagage en sera requis par les riverains.

« Les plantations ou réserves destinées à remplacer les arbres actuels de lisière seront effectuées en arrière de la ligne de délimitation des forêts, à la distance prescrite par l'article 671 du code civil.

« Les défenses de porter du feu dans les bois, d'y prendre de la terre, des herbes, des feuilles, et des pierres, ainsi que les dispositions relatives à l'élagage des arbres, s'appliquent à toutes les forêts indistinctement. Les prohibitions suivantes ne concernent que les bois soumis au régime forestier.

« Aucun four à chaux ou à plâtre, soit temporaire, soit permanent, aucune briqueterie et tuilerie, ne pourront être établis dans l'intérieur et à moins d'un

---

(1) Art. 150. Les propriétaires riverains des bois et forêts peuvent se prévaloir de l'article 672 du code civil, pour l'élagage des lisières desdits bois et forêts, si ces arbres de lisières ont plus de trente ans.

Tout élagage qui seroit exécuté sans l'autorisation des propriétaires des bois et forêts donnera lieu à l'application des peines portées par l'article 196.

kilomètre des forêts, sans l'autorisation du gouvernement, à peine d'une amende de 100 à 500 francs, et de démolition des établissements.

« Il en seroit de même s'il s'agissoit d'une usine à scier le bois. On ne peut en établir ni dans l'intérieur des forêts ni à une distance moindre de deux kilomètres, sous peine d'une amende de 100 à 500 francs, et de la démolition dans le mois, à compter du jugement qui l'auroit ordonnée.

« Il ne peut être établi sans l'autorisation du gouvernement, sous quelque prétexte que ce soit, aucune maison sur perches, loge, baraque, ou hangar, dans l'enceinte et à moins d'un kilomètre des bois et forêts, sous peine de 50 francs d'amende, et de la démolition dans le mois, à dater du jour du jugement qui l'aura ordonnée.

« A l'égard des maisons ou fermes, il ne pourra en être construit à la distance de cinq cents mètres des forêts soumises au régime forestier, et par conséquent des bois communaux, sans une autorisation du gouvernement, sous peine de démolition.

« Cette dernière prohibition n'est pas applicable aux bois communaux qui auroient moins de deux cent cinquante hectares.

« Il sera statué dans le délai de six mois sur les demandes en autorisation; passé ce délai, la construction pourra être effectuée.

« Lorsqu'il ne s'agit que d'ajouter à un édifice déja

construit, l'autorisation du gouvernement n'est pas nécessaire.

« A quelque époque que se réfère l'établissement des maisons ou fermes construites dans le rayon que nous venons d'indiquer, ceux qui les habitent ne pourront établir dans lesdites maisons ou fermes aucun atelier à façonner le bois, aucun chantier ou magasin pour faire le commerce de bois, sans la permission spéciale du gouvernement, sous peine de 50 francs d'amende et de la confiscation des bois.

« Lorsque les individus qui auront obtenu cette permission auront subi une condamnation pour délits forestiers, le gouvernement pourra leur retirer ladite permission.

« Tous ces établissements, autres que les maisons ou fermes, quoique autorisés par le gouvernement, sont soumis aux visites des agents et des gardes forestiers, qui peuvent s'y introduire sans être accompagnés d'un officier civil, pourvu qu'ils soient deux au moins, ou assistés de deux citoyens domiciliés dans la commune. »

L'ordonnance d'exécution ajoute : « Les demandes à fin d'autorisation pour construction de maisons ou fermes seront remises à l'agent forestier supérieur de l'arrondissement, en double minute, dont l'une, revêtue du *visa* de cet agent, sera rendue au déclarant. »

CHAPITRE XXIII.

Du martelage pour le service de la marine.

Il est nécessaire d'assurer le service de la marine. L'honneur de notre pavillon, la sûreté de nos côtes, l'intérêt de notre commerce, le commandent de la manière la plus impérieuse. Mais ce service exige annuellement environ trente-six mille stères de bois. Et il seroit impossible de trouver dans les coupes annuelles des bois de l'État, qui ne montent guère qu'à treize cent mille hectares, une quantité d'arbres aussi considérable, et tous également propres aux constructions navales. En affranchissant du droit de martelage les bois des particuliers, après le laps de dix années, il étoit donc nécessaire de maintenir cette espèce de servitude dans les bois appartenant aux communes. C'est ce que fait le code par les dispositions suivantes :

Art. 122. « Dans tous les bois soumis au régime « forestier, lorsque des coupes devront y avoir lieu, « le département de la marine pourra faire choisir « et marteler par ses agents les arbres propres aux « constructions navales, parmi ceux qui n'auront pas « été marqués en réserve par les agents forestiers. »

Art. 127. « Les adjudicataires des bois soumis au « régime forestier, les maires des communes, ainsi « que les administrateurs des établissements publics, « pour les exploitations faites sans adjudication, et « les particuliers, traiteront de gré à gré du prix de « leur bois avec la marine.

« En cas de contestation, le prix sera réglé par ex- « perts nommés contradictoirement, et, s'il y a par- « tage entre les experts, il en sera nommé un d'office « par le président du tribunal de première instance, « à la requête de la partie la plus diligente; les frais « de l'expertise seront supportés en commun. »

CHAPITRE XXIV.

Dispositions qui règlent l'exercice des droits d'usage dans les bois de l'État et des communes, et que l'article 120 du code déclare applicables aux bois des particuliers.

Ces dispositions sont consignées dans les art. 64, 66, § 1; 70, 72, 73, 75, 76, 78, § 1 et 2; 79, 80, 83 et 85. Je vais les transcrire. En les lisant, on ne perdra pas de vue que dans leur application aux bois particuliers les propriétaires de ces bois sont substitués à l'administration publique; c'est-à-dire, pour nous servir des termes de l'art. 120, que chaque particulier exerce sur les bois qui lui appartiennent *les mêmes droits et la même surveillance que les agents du gouvernement dans les bois soumis au régime forestier.*

Art. 64. « Quant aux autres droits d'usage quel-« conques et aux pâturage, panage et glandée dans « les mêmes forêts, ils ne pourront être convertis en « cantonnement; mais ils pourront être rachetés, « moyennant des indemnités qui seront réglées de « gré à gré, ou, en cas de contestation, par les tri-« bunaux.

« Néanmoins le rachat ne pourra être requis, par « l'administration, dans les lieux où l'exercice du « droit de pâturage est devenu d'une absolue néces-« sité pour les habitants d'une ou plusieurs com-« munes. Si cette nécessité est contestée par l'admi-« nistration forestière, les parties se pourvoiront « devant le conseil de préfecture, qui, après une en-« quête *de commodo et incommodo,* statuera, sauf le « recours au conseil d'État. »

Art. 66. « La durée de la glandée et du panage ne « pourra excéder trois mois. »

Art. 70. « Les usagers ne pourront jouir de leurs « droits de pâturage et de panage que pour les bes-« tiaux à leur propre usage, et non pour ceux dont « ils font commerce, à peine d'une amende double « de celle qui est prononcée par l'art. 199. »

Art. 72. « Le troupeau de chaque commune ou

« section de commune devra être conduit par un ou « plusieurs pâtres communs, choisis par l'autorité « municipale; en conséquence, les habitants des com- « munes usagères ne pourront ni conduire eux-mê- « mes ni faire conduire leurs bestiaux à garde sé- « parée, sous peine de 2 francs d'amende par tête de « bétail.

« Les porcs ou bestiaux de chaque commune ou « section de commune usagère formeront un trou- « peau particulier et sans mélange de bestiaux d'une « autre commune ou section, sous peine d'une « amende de 5 à 10 francs contre le pâtre, ou d'un « emprisonnement de cinq à dix jours en cas de réci- « dive.

« Les communes et sections de commune seront « responsables des condamnations pécuniaires qui « pourront être prononcées contre lesdits pâtres ou « gardiens, tant pour les délits et contraventions « prévus par le présent titre, que pour tous autres « délits forestiers commis par eux pendant le temps « de leur service et dans les limites du parcours. »

Art. 73. « Les porcs et bestiaux seront marqués « d'une marque spéciale.

« Cette marque devra être différente pour chaque « commune ou chaque section de commune usagère.

« Il y aura lieu, par chaque tête de porc ou de bé- « tail non marqué, à une amende de 3 francs. »

Art. 75. « Les usagers mettront des clochettes au

« cou de tous les animaux admis au pâturage, sous « peine de 2 francs d'amende par chaque bête qui « seroit trouvée sans clochette dans les forêts. »

Art. 76. « Lorsque les porcs et bestiaux des usagers « seront trouvés hors des cantons déclarés défen- « sables ou désignés pour le panage, ou hors des « chemins indiqués pour s'y rendre, il y aura lieu « contre le pâtre à une amende de 3 à 30 francs. En « cas de récidive, le pâtre pourra être condamné « en outre à un emprisonnement de cinq à quinze « jours. »

Art. 78. « Il est défendu à tous usagers, nonobstant « tous titres et possessions contraires, de conduire « ou faire conduire des chèvres, brebis ou moutons « dans les forêts ou sur les terrains qui en dépendent, « à peine, contre les propriétaires, d'une amende « qui sera double de celle qui est prononcée par « l'article 199, et contre les pâtres ou bergers de « quinze francs d'amende. En cas de récidive, le « pâtre sera condamné, outre l'amende, à un em- « prisonnement de cinq à quinze jours.

« Ceux qui prétendroient avoir joui du pâcage ci- « dessus en vertu de titres valables, ou d'une posses- « sion équivalente à titre, pourront, s'il y a lieu, ré- « clamer une indemnité qui sera réglée de gré à gré, « ou, en cas de contestation, par les tribunaux. »

Art. 79. « Les usagers qui ont droit à des livrai- « sons de bois, de quelque nature que ce soit, ne

« pourront prendre ces bois qu'après que la déli-« vrance leur en aura été faite par les agents fores-« tiers, sous les peines portées par le titre XII pour « les bois coupés en délits. »

Art. 80. « Ceux qui n'ont d'autre droit que celui « de prendre le bois mort, sec et gisant, ne pourront « pour l'exercice de ce droit se servir de crochets ou « ferrements d'aucune espèce, sous peine de trois « francs d'amende. »

Art. 83. « Il est interdit aux usagers de vendre ou « d'échanger les bois qui leur sont délivrés, et de les « employer à aucune autre destination que celle pour « laquelle le droit d'usage à été accordé.

« S'il s'agit de bois de chauffage, la contravention « donnera lieu à une amende de dix à cent francs.

« S'il s'agit de bois à bâtir ou de tout autre bois « non destiné au chauffage, il y aura lieu à une « amende double de la valeur des bois, sans que cette « amende puisse être au-dessous de cinquante francs. »

Art. 85. « Les défenses prononcées par l'article 57 « sont applicables à tous usagers quelconques, et sous « les mêmes peines (1). »

---

(1) Cet article 57 porte : Il est défendu aux adjudicataires d'abattre, de ramasser ou d'emporter des glands, faînes ou autres fruits, semences ou productions des forêts, sous peine d'une amende double de celle qui est prononcée par l'article 144.

Je finis en observant qu'aux termes de l'article 121 toutes les difficultés auxquelles l'exercice du droit d'usage dans les bois des particuliers peut donner lieu doivent être soumises aux tribunaux.

FIN.

TABLE.

CHAP. I. Observations préliminaires. Page 1
II. Du régime forestier. 2
III. Que l'administration forestière n'est pas la même sur tous les bois soumis au régime forestier; qu'elle varie suivant la qualité des propriétaires. 4
IV. Motifs qui justifient l'intervention des agents de la puissance publique dans l'administration, l'aménagement, l'exploitation et la vente des bois communaux. 7
V. Articles du code exclusivement relatifs aux bois communaux Objets qu'ils embrassent. 10
VI. Que les bois qui appartiennent aux communes ne sont pas tous indistinctement soumis au régime forestier. 11
VII. De la manière de procéder lorsqu'il s'agit de changer l'aménagement d'un bois communal, ou d'y faire certains travaux d'amélioration tels que recépages, repeuplements, etc. 13
VIII. De la conversion des paturages en bois. 15
IX. Du défrichement des bois communaux. 16
X. Des quarts de réserve. 18
XI. Des adjudications, des coupes, tant ordinaires qu'extraordinaires. 19
XII. Des frais auxquels peuvent donner lieu l'administration, l'exploitation et la conservation des bois communaux. 26
XIII. Du partage des bois communaux. 28
XIV. Des communes qui ont des droits d'usage dans les bois de l'État; formalités qu'elles doivent remplir pour être maintenues dans l'exercice de ces droits. 31
XV. Des usages en bois à brûler et à bâtir. 33
XVI. Du cantonnement. 37
XVII. Que le pâturage ne donne pas lieu au cantonnement, mais qu'il peut être racheté. 39
XVIII. De la manière dont les communes doivent user des droits de pâture, panage, et glandée, dans les bois de l'État. 42
XIX. Des gardes préposés à la conservation des bois des communes. 45
XX. Des procès-verbaux dressés par les gardes des communes, des formalités dont ils doivent être revêtus, et de la foi qui leur est due. 48
XXI. De la poursuite des délits commis dans les bois communaux, et des tribunaux compétents pour en connoître. 51
XXII. Mesures de conservation. 54
XXIII. Du martelage pour le service de la marine. 61
XXIV. Dispositions qui règlent l'exercice des droits d'usage dans les bois de l'État et des communes, et que l'article 120 du code déclare applicables aux bois des particuliers. 62

Le phosphure de soufre décompose l'eau pa degrés ; il y a dégagement de gaz hydrogène sulfuré et phosphuré, et, sans aucun doute formation d'acides sulfurique et phosphorique Cette décomposition remarquable, que facilit singulièrement l'élévation de température semble être l'effet de l'action d'une molécule d phosphure sur deux atômes d'eau à la fois.

Les autres décompositions produites par le acides nitrique et sulfurique sont très-curieuse aussi, mais elles sont toutes trop compliquée pour qu'il soit possible, dans l'état actuel d la science, d'en donner une explication satis faisante.

[*Action des solides rendus liquides.*] 5. Lors que des corps solides sont mis à l'état liquid ou par le calorique, ou par tout autre moye quelconque, ils se comportent entre eu comme les liquides ordinaires ; leur action r ciproque est modifiée par le degré d'affinit Quelques-uns de ces corps ainsi devenus liquid s'unissent en toutes proportions, comme la pl part des métaux, les huiles solides, les r sines, etc. Cette union n'a lieu pour d'autre comme entre l'étain et le fer, entre le plon et le fer, entre le plomb et l'étain, ai qu'entre différens sels, que dans de certain proportions. Il en est qui, comme le zinc et

www.ingramcontent.com/pod-product-compliance
Ingram Content Group UK Ltd.
Pitfield, Milton Keynes, MK11 3LW, UK
UKHW020414230726
13925UKWH00004B/1415

9 782019 270605